컴퓨터 바이러스

Why? 컴퓨터 바이러스

2019년 3월 30일 2판 1쇄 발행
2024년 11월 15일 2판 7쇄 발행

펴낸이 | 나성훈
펴낸곳 | (주)예림당
등록 | 제2013-000041호
주소 | 서울특별시 성동구 아차산로 153
구매 문의 전화 | 561-9007
　　　　　팩스 | 562-9007
책 내용 문의 전화 | 3404-9228
http://www.yearim.kr
ISBN 978-89-302-3757-4 74080
ISBN 978-89-302-3700-0 (세트)
ⓒ 2024 예림당 외

STAFF

내용을 꼼꼼히 감수해 주신 분
정택준
숭실대학교 컴퓨터 학부를 졸업하고 해군중앙전산소 정보보호과에서 근무했습니다. 현재 ㈜안랩의 ASEC 분석팀 선임연구원으로 재직 중이며, 여러 대학교와 대학원에서 컴퓨터 바이러스 강의도 하고 있습니다. 또한 '아시아 안티바이러스연구협회(AVRA)'와 '국제백신테스트 표준기구(AMTSO)'의 회원이며 글로벌 보안 커뮤니티 활동도 하고 있습니다.

밑글을 재미있게 써 주신 분
조영선
만화 창작집단 '퍼니C'에서 스토리, 콘티 및 기획 작가로 활동하고 있습니다. 주요 작품으로 〈Why?〉 과학 시리즈 화학, 물리, 로봇, 식품과 영양, 빛과 소리, 인문사회교양 시리즈 음악, 언어와 문자 등이 있으며 세라믹연구원, 한국표준과학연구원, 시흥시청의 홍보 만화와 〈팩맨의 스포츠 과학〉〈서바이벌 경제왕〉 등도 있습니다.
e-mail : ysuny2@hanmail.net

재미있는 만화를 그려 주신 분
이영호
만화 창작집단 '퍼니C'에서 그림 작가로 활동하고 있습니다. 주요 작품으로 〈Why?〉 과학 시리즈 〈로봇, 해부학, 생활안전, 소프트웨어와 코딩〉, 인문사회 교양 시리즈 〈언어와 문자, SNS〉 등이 있으며, 세라믹연구원, 한국표준과학연구원, 시흥시청의 홍보 만화와 〈팩맨의 스포츠 과학〉〈서바이벌 경제왕〉 등도 있습니다.
e-mail : kaljebi05@naver.com

책임 개발 | 박효정 / 최혜원 신지은 박종주 손민지
디자인 | 이정애 / 이보배 강임희 김지은 김세영 백지현
사진 | 이건무　세밀화 | 이신영
콘텐츠 제휴 | 문하영
제작 | 신상덕 / 박경식
마케팅 | 임상호 전훈승

*이 책은 저작권법에 따라 보호받는 저작물이므로 무단 전재와 무단 복제를 금합니다.
이 책의 표지 이미지나 내용 일부를 사용하려면 반드시 (주)예림당의 서면 동의를 받아야 합니다.

△주의 : 책을 던지거나 떨어뜨리면 다칠 우려가 있으니 주의하십시오.
낙장, 파본 등 결함이 있는 도서는 구입한 곳에서 교환받을 수 있습니다.

Why?
컴퓨터 바이러스를 내면서

스마트폰, 태블릿 피시, 노트북, 데스크톱, 스마트 TV 등등….
만약 요즘 세상에 이런 네트워크 장비들이 없다면 여러분은 어떨 것 같아요?
뭔가 허전하고 재미없는 느낌이 들지도 몰라요. 개인용 컴퓨터가 보급되고 네트워크 구축으로 인터넷이 활성화되면서 인터넷은 이미 우리와 떼려야 뗄 수 없는 관계가 되었습니다. 쇼핑하기, 영화 보기, 책 읽기, 편지 쓰기, 친구와 대화하기, 게임하기 등 일상의 활동들을 대부분 인터넷을 통해 하고 있으니까요.
하지만 이러한 신속함과 편리함 속에는 위험이 뒤따릅니다. 인터넷을 한다는 건 곧 내 컴퓨터의 문을 활짝 열어 놓고 누구든 들어와도 좋다고 허락하는 뜻이거든요. 이런 점을 악용해 다른 사람의 컴퓨터에 들어가 주인 몰래 개인 정보를 빼내어 정신적, 물질적 피해를 입히는 자들이 있으니 그들이 바로 사이버 범죄자들입니다. 그들은 풍부한 컴퓨터 지식을 바탕으로 불특정 다수에게 각종 악성 코드를 퍼뜨려 사람들의 중요한 정보를 못쓰게 만들거나 빼 가는 것입니다.
그렇다면 우리는 사이버 범죄자들에게 속수무책으로 당할 수밖에 없을까요?
그렇지 않습니다. 인터넷을 할 때 악성 코드에 대한 위험성을 인지하고 정보 보호를 위한 실천 사항들만 잘 지켜도 각자의 소중한 정보를 지킬 수 있어요.
다른 사람의 컴퓨터를 허락 없이 해킹하거나 악성 코드를 만드는 건 그 자체로 큰 범죄입니다. 이 책을 읽는 여러분은 이 점을 꼭 명심하고, 보다 깨끗하고 안전한 사이버 세상을 만들어 가는 데 앞장서기를 바랍니다.

*부모님이 함께 읽고 지도해 주시면 더욱 좋습니다.

CONTENTS

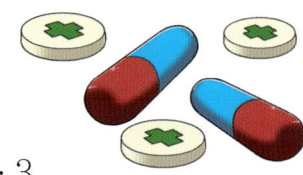

Why? 컴퓨터 바이러스를 내면서 … 3

외삼촌은 사이버 수사대! … 8
인터넷과 사이버 범죄 … 15
네트워크의 분류 … 19
열린 공간 속의 위험 … 24
해커와 해킹 … 33
해킹은 필요악이다? … 43
해킹에 사용되는 기술 … 47
가상 공간에 접속하다 … 51
컴퓨터의 병원체, 악성 코드 … 55
컴퓨터 백신과 업데이트 … 62
의문의 파일이 발견되다 … 70
악성 코드의 감염 속도 … 74
피해를 주지 않는 바이러스? … 80

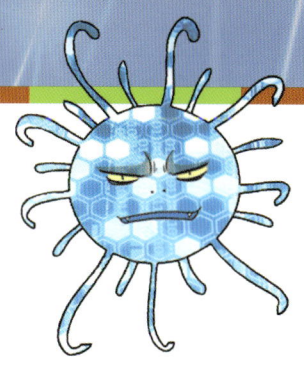

진화하는 바이러스 … 85
잠복기의 바이러스 … 90
두로이와의 만남 … 95
사상 최악의 바이러스? … 98
두로이의 방해 … 104
안 박사의 서버에 접속하다 … 110
정보 보호를 위한 장치 … 118
모바일 바이러스 … 124
예고된 재앙을 막아라 … 132
디도스 공격 … 139
SNS의 위력 … 145
승부가 갈리다 … 149
정보 보호를 위해 해야 할 것 … 154

  … 160

Why?

과학을 잘하고 싶다면 우리 주변의 모든 것에 '왜?'라는 질문을 던져 보세요.
과학은 아주 작은 호기심에서 출발합니다.

CHARACTER

엄지
호기심 많은 깜찍한 소녀. 인터넷은 즐겨 하지만 컴퓨터에 관한 기본 상식은 부족하다.

꼼지
작가를 꿈꾸는 소년. 인터넷 카페에 짤막한 소설을 연재하는데 제법 인기를 얻고 있다.

두로이
최고의 실력을 가진 컴퓨터 전문가. 한때 백우신과는 둘도 없는 친구였지만 어떤 사건을 계기로 크래커가 돼 백우신 앞에 나타난다.

백우신
꼼지의 외삼촌이자 사이버 수사대의 경위. 자신이 개발한 '가상 현실 해킹툴'로 사이버 범죄자들을 꼼짝 못하게 한다.

SNS (Social Network Service)
인터넷 통신망을 통해 불특정 다수의 사람들과 관계를 맺을 수 있는 서비스를 말한다. SNS를 하면 이미 친분이 있는 사람들과는 더욱 친밀해지고 새로운 사람과도 관계를 맺을 수 있다. SNS의 종류로는 다음 카페·네이버 블로그·미니홈피·트위터·카카오톡·페이스북·유튜브 등이 있다.

카카오톡   트위터   페이스북

 # 인터넷과 사이버 범죄

인터넷의 장점

❶ 쉽고 빠르게 정보를 주고받을 수 있다.

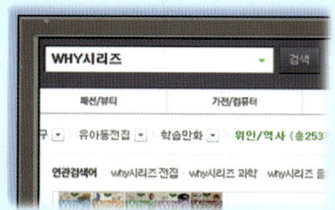

❷ 원하는 정보를 쉽게 검색할 수 있다.

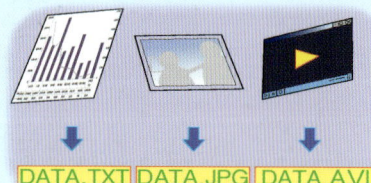

❸ 복잡한 문서나 사진, 동영상 등의 파일을 많은 사람이 공유할 수 있다.

❹ 남녀노소 다양한 사람과 SNS를 하면서 친구가 될 수 있다.

사이버 범죄의 다양한 유형

일반 사이버 범죄

사이버 명예 훼손
악성 댓글, 허위 사실 유포 등으로 타인에게 정신적, 물질적 피해를 입히는 것

불법 복제 및 전송
유료로 판매되는 콘텐츠(영화·음악 등)를 불법으로 복제해 퍼뜨리는 것

불법 유해 사이트
성매매, 자살, 마약 거래 등을 조장하는 유해 사이트를 개설하는 것

사기, 개인 정보 침해
불법으로 개인 정보를 수집하여 활용하거나 타인을 속이는 것

사이버 테러

해킹
다른 사람의 컴퓨터 시스템에 무단 침입하여 정보를 빼내거나 프로그램을 파괴하는 것

악성 프로그램 유포
시스템의 정상적인 작동을 방해하기 위하여 타인의 컴퓨터 시스템에 바이러스, 웜, 스파이웨어 등의 프로그램을 설치하는 것

네트워크의 분류

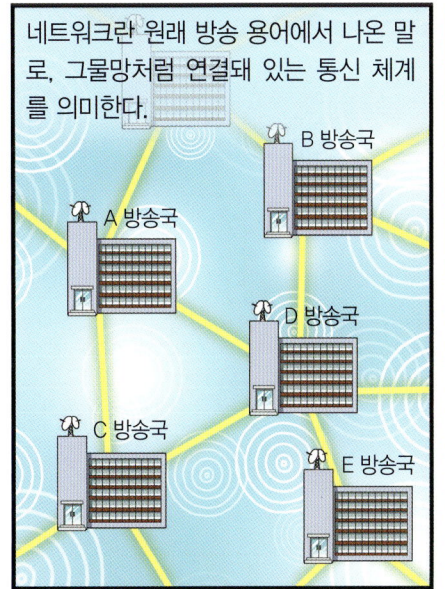

*랜 : 근거리 통신망(Local Area Network)
*맨 : 중거리 통신망(Metropolitan Area Network)
*왠 : 원거리 통신망(Wide Area Network)

열린 공간 속의 위험

*프로토콜 : 컴퓨터와 컴퓨터 사이에서 데이터를 원활히 주고받기 위해 약속한 여러 가지 규약

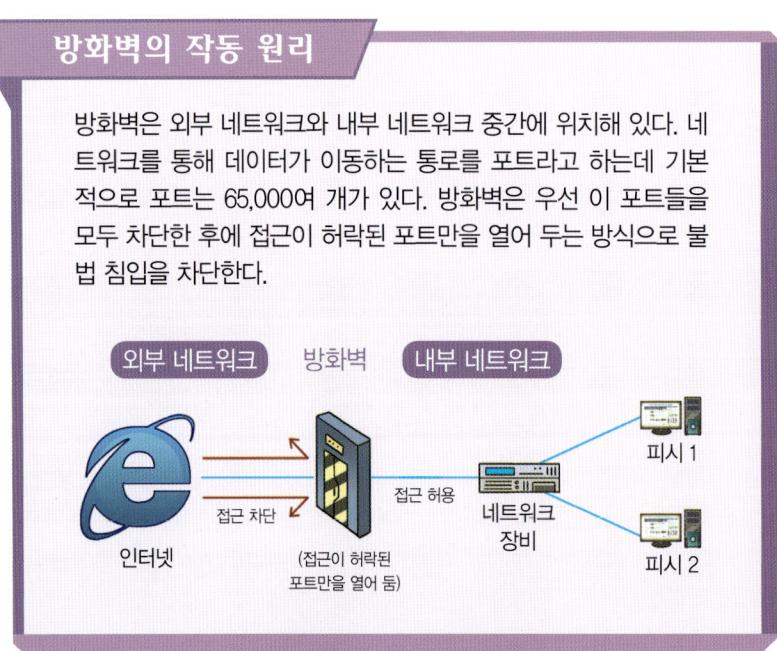

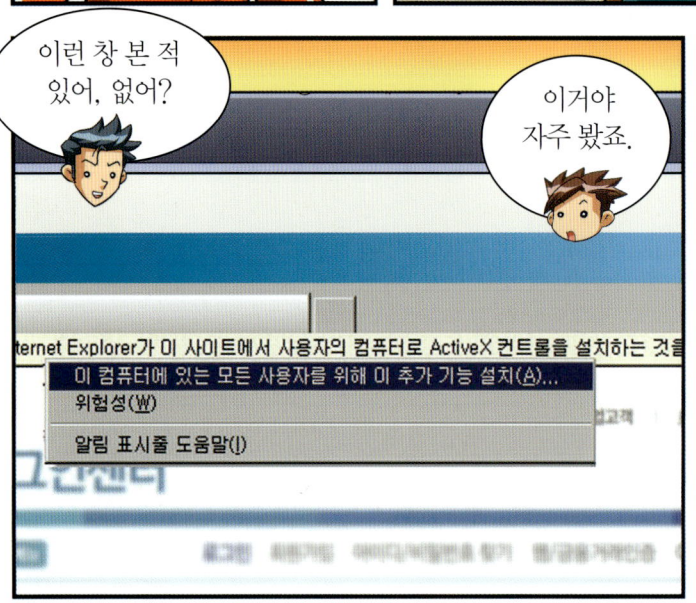

*액티브엑스는 참고로 마이크로소프트사의 '인터넷 익스플로러'에서만 사용이 가능한 프로그램임

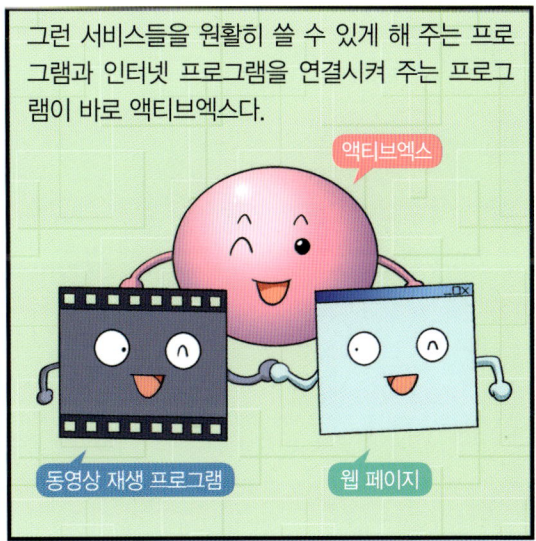

스플로거(Splogger)

불특정 다수에게 일방적으로 보내는 광고를 뜻하는 '스팸'과 블로그를 운영하는 사람인 '블로거'의 합성어이다. 다른 사람이 올린 정보를 허락도 받지 않고 자신의 블로그에 그냥 올리는 블로거를 말한다. 한편 스플로거는 인터넷 사용자가 직접 찾아오도록 만드는 특징이 있다.

*포털 사이트의 자세한 설명은 75쪽 참고

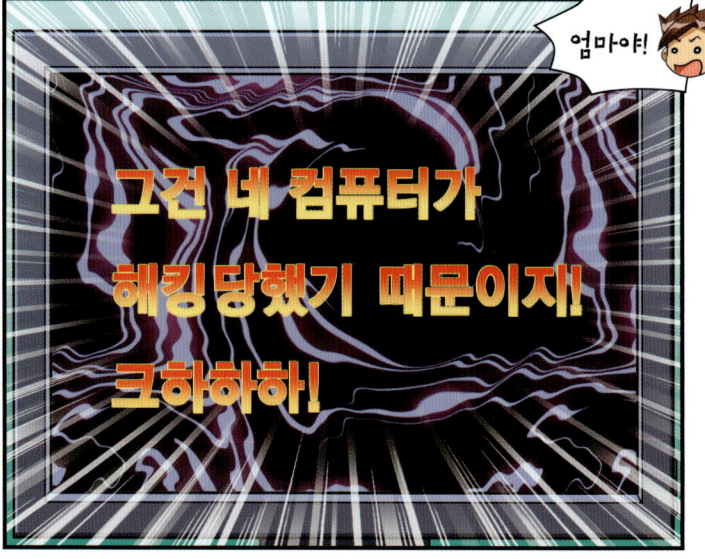

해커와 해킹

아이피 주소
(Internet Protocol address)

인터넷으로 연결된 모든 컴퓨터에 주어진 고유의 주소를 말한다. 따라서 변조하지 않는 이상 같은 아이피 주소가 있긴 어렵다. 현재 쓰는 아이피 주소 체계는 십진수 숫자 4개로 구성된 것으로 0.0.0.0에서부터 255.255.255.255까지 약 42억 개가 있다. 이게 다 고갈되면 십육진수 숫자 8개 이하로 구성된 아이피 주소 체계를 쓸 예정이다.

아이피 공유기

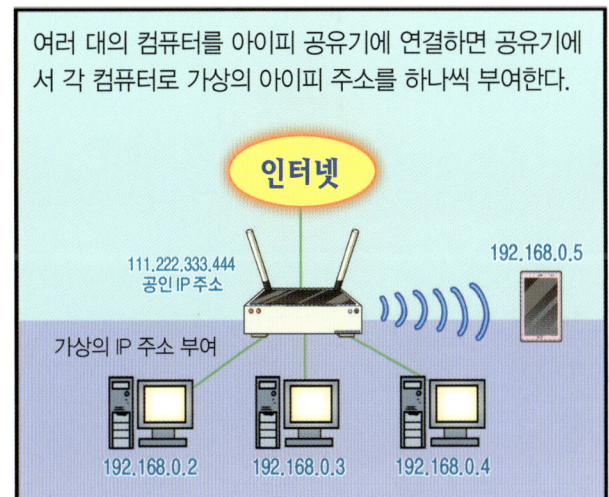

해킹(Hacking)

허가 없이 남의 컴퓨터 서버에 침투해 데이터를 조작하는 행위를 말한다. 해킹은 처음 MIT 공과 대학생들의 전통에서 비롯됐다. 그들은 자신들의 지식과 기술을 이용해 깜짝쇼를 펼쳤는데 이를 핵(hack)이라고 불렀다. 이 핵을 수행하는 자신들을 '해커'라고 했다. 이것이 훗날 남의 컴퓨터에 몰래 침투해 장난을 치는 사람을 가리키는 말이 된 것이다. 한편 해커가 하는 행위를 '해킹'이라고 한다.

크랙(Crack)
정품 프로그램의 암호를 풀어서 프로그램을 사지 않고도 그 프로그램을 쓸 수 있게 만드는 불법 행위를 말한다. 악의적으로 해킹하는 걸 의미하며 이런 행위를 하는 자는 일반 해커와 구분해서 '크래커'라고 부른다.

스파이웨어(Spyware)
다른 사람의 컴퓨터에 잠입해 주인 모르게 개인 정보를 빼내는 프로그램을 말한다. 보통 정상적인 파일을 내려받아 설치할 때 설치되는 경우가 많다. 이때 해당 컴퓨터는 시스템 설정이 변경되거나 다른 프로그램을 내려받지 못하게 되고, 인터넷 창에 특정 광고가 뜨는 등의 피해가 생긴다.

해커의 구분

해커 중에는 남에게 피해를 주지 않는 해커도 있지만 남에게 피해를 줄 뿐만 아니라 범죄를 일으키는 해커도 있다.

화이트햇 해커 '착한 사람'이라는 뜻으로 악의가 없이 해킹하는 해커를 말한다.

블랙햇 해커 '악당'이라는 뜻으로 정보 삭제, 신용 카드 도용, 해적판 제작 등 타인에게 피해를 주는 해커를 말한다. 크래커라고도 부른다.

그레이햇 해커 처음엔 화이트햇 해커처럼 악의 없이 시작해 놓고 해킹 후 블랙햇 해커처럼 대가를 바라며 취약점을 수정해 주는 해커를 말한다.

블루햇 해커 새로운 시스템이 본격적으로 상용화되기 전에 미리 버그를 찾아내 주는 보안 컨설팅 회사의 해커를 말한다.

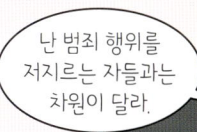

그런데 그 일은 엄청난 파장을 일으켰어.

300억 국비지원 연구 자료가 해외로 유출!!

기술 유출로 인한 국가적 손해 수조...

국내 최고 수준의 보안망 누가 어떻게 해킹?

피해의 규모가 큰 만큼 유능한 수사관들이 사건을 파헤치기 시작했고,

이 자리에서 해킹이 이루어졌단 말이지.

0월 0일 00시에 저 컴퓨터를 이용한 자를 기억하십니까?

그게… 제가 졸고 있어서!

찰칵

결국 우리 학교 전산부까지 조사를 받게 되었지.

두 학교의 전산부끼리 사이가 좋지 않았다고 하는군.

그렇다면 가능성이 있군요. 해킹에 능한 학생도 많으니…

사이버 수사대

수사망이 좁혀 오자 두로이는 그제야 나에게 모든 걸 털어놓았어.

난 일이 이렇게 커질 줄 몰랐어.

로이야!

증거가 될 만한 건 하나도 남기지 않았어. 그러니까 그날 내가 너와 함께 있었다고만 말해 줘.

로이….

덥석

해킹은 필요악이다?

결국 두로이는 감옥에서 2년을 살아야 했고, 난 주의만 받고 풀려났어.

그 일로 난 소중한 친구를 잃었지.

아, 그런 아픈 일이…

그래도 전 외삼촌의 판단이 옳았다고 생각해요.

난 두로이라는 분이 이해가 되기도 해. 그런 상황이라면 나도 그렇게 했을 것 같아.

결과가 안 좋아서 그렇지, 해킹한 쪽을 혼내 주려고 한 거잖아!

상황이 어떻든 불법을 불법으로 맞서는 건 나빠.

그런 일은 외삼촌 같은 사이버 범죄 전문가에게 맡겨야지.

엄지 말이 백번 옳아!

그런데 아쉽게도 사이버 수사대가 수사하는 데는 한계가 있어. 해킹이 워낙 다양하게, 또 자주 일어나기 때문이지.

다양한 해킹 사례

- 단순한 호기심으로 — 오, 해킹이 되네!
- 자기 과시를 위해 — 이깟 보안망? 나한텐 우습지.
- 게임에서 이기기 위해 — 히히, 난 네 기지가 어디 있는지 다 안다!
- 각종 프로그램이나 콘텐츠 등을 무료로 사용하기 위해 — 뭐 하러 돈 내고 프로그램을 사?
- 악의적인 목적으로 상대를 공격하기 위해 — 어디, ○○ 회사를 골탕 좀 먹여 볼까?

하지만 해킹이 긍정적인 역할을 한 것도 있어.
??

사실 해커들이 네트워크를 연구하고 해킹하는 과정에서 취약점이 발견되고,
그럼 그렇지. 서버에 이런 취약점이 있을 줄 알았어.

그것을 보완하면서 정보 통신 기술이 발전하게 된 것이다.
우리 보안망에 이런 허술한 점이 있었군요.
새로운 보안 장치를 만들겠습니다.

해킹에 사용되는 기술

다양한 해킹툴의 기술

포트 스캐너
시스템 방화벽의 통신 포트들 중 열려 있는 포트를 찾아 준다.

비밀번호 크래킹
비밀번호를 찾기 위한 모든 경우의 수를 대입하는 것이다. 4자리 비밀번호는 경우의 수가 1만 개지만 이 프로그램을 사용해 대입하면 빠르게 찾아낼 수 있다.

루트킷
해킹할 때 걸리지 않게 몰래 심어 놓는 바이러스로 해킹 대상 컴퓨터에 루트킷을 설치한 후에 해킹하면 들키지 않는다. 따라서 오랜 기간 피해를 줄 수 있다.

키로거
사용자가 키보드를 누를 때 남는 기록을 훔치는 기술이다.

스푸핑
공격 대상 컴퓨터가 안심하고 접속을 허락하도록 아이피 주소나 이메일 등을 속여서 접근한다.

스니핑
이 말은 '코를 킁킁거리며 냄새를 맡다'라는 뜻이다. 이처럼 네트워크상에서 다른 사용자들끼리 주고받는 정보를 중간에서 몰래 가로채는 것이다.

가상 공간에 접속하다

컴퓨터와 이진법

이진법은 1703년 라이프니츠가 발명한 것으로 0과 1의 숫자로 수를 나타내는 방식이다. 현재 우리가 사용하는 십진수인 0, 1, 2, 3, 4를 이진수로 나타내면 0, 1, 10, 11, 100으로 표기할 수 있다. 만약 이진법을 일상생활에서 사용한다면 몹시 불편하겠지만, 컴퓨터에서는 오히려 계산을 완벽하게 할 수 있는 방식이다. 왜냐하면 컴퓨터는 전기가 흐르면 1로, 전기가 흐르지 않으면 0으로 인식하기 때문이다.

십진수		이진수
0	=	0
1	=	1
2	=	10
3	=	11
4	=	100

* 고트프리트 빌헬름 폰 라이프니츠(1646~1716년) : 독일의 철학자·수학자·물리학자

사용자 인터페이스 (User Interface)

사용자와 컴퓨터가 정보를 쉽게 주고받을 수 있도록 도움을 주는 수단으로 종류가 다양하다. 먼저 사용자가 키보드로 명령을 입력해 프로그램을 실행시키는 '코맨드 라인 인터페이스'가 있고, 메뉴 선택에 의한 명령으로 실행시키는 '메뉴 방식 인터페이스'가 있다. 또 광펜·마우스·컨트롤볼 등의 위치 지정 도구를 사용해 도형 표시 프로그램을 실행시키는 '그래픽 사용자 인터페이스'도 있다. 사용자 인터페이스는 영어 약자를 따서 보통 유아이(UI)로 말한다.

컴퓨터의 병원체, 악성 코드

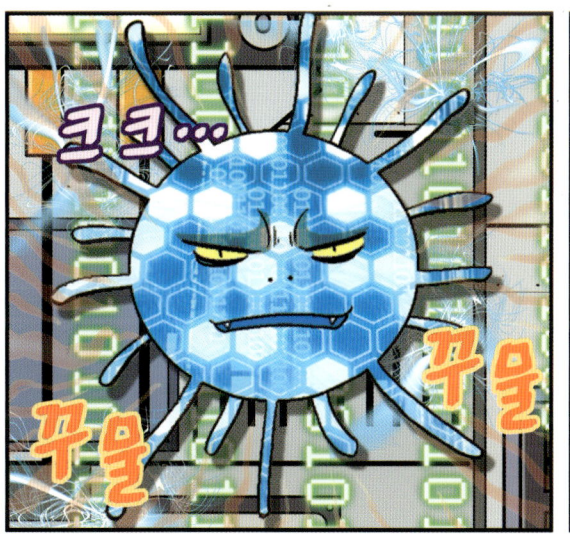

악성 코드
컴퓨터에서 코드는 정보를 나타내기 위한 기호의 체계를 의미한다. 그런데 악의적인 목적을 위해 만들어진 소프트웨어가 있으니 이를 '악성 코드'라고 부른다. 대표적인 악성 코드로는 바이러스·웜·트로이 목마 등이 있다. 다른 말로 '멀웨어(malware)'라고도 부른다.

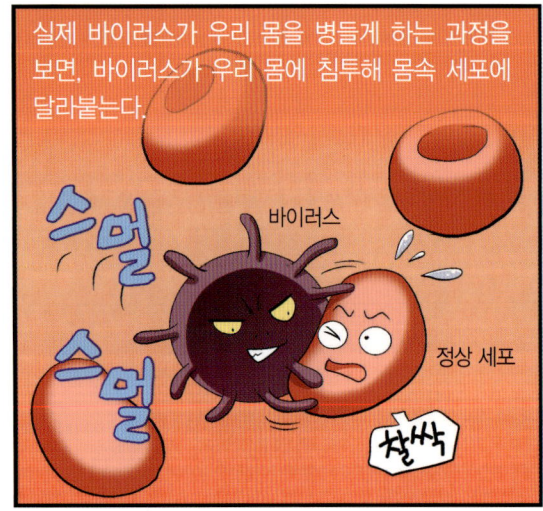

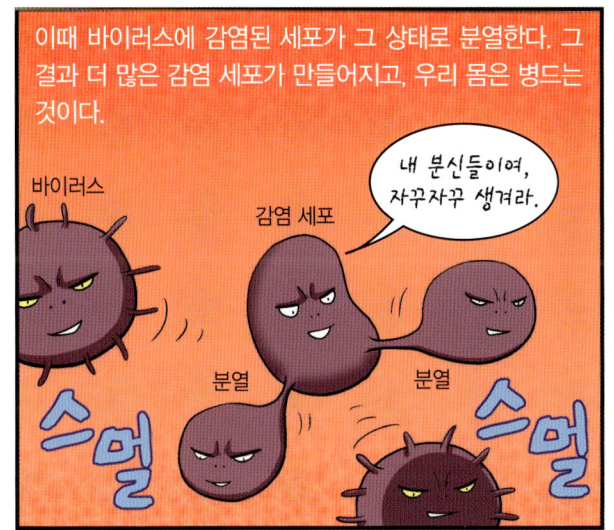

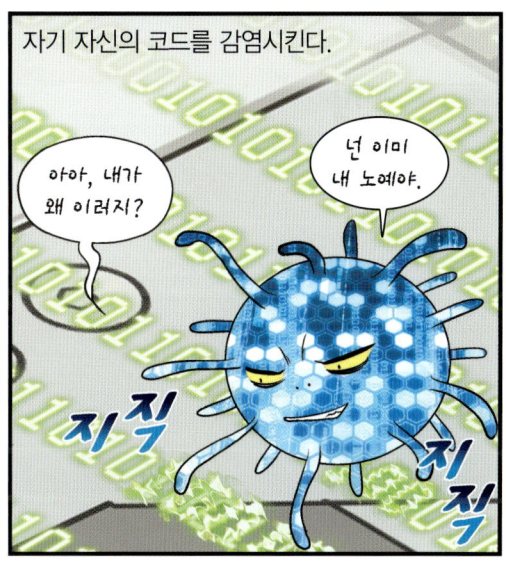

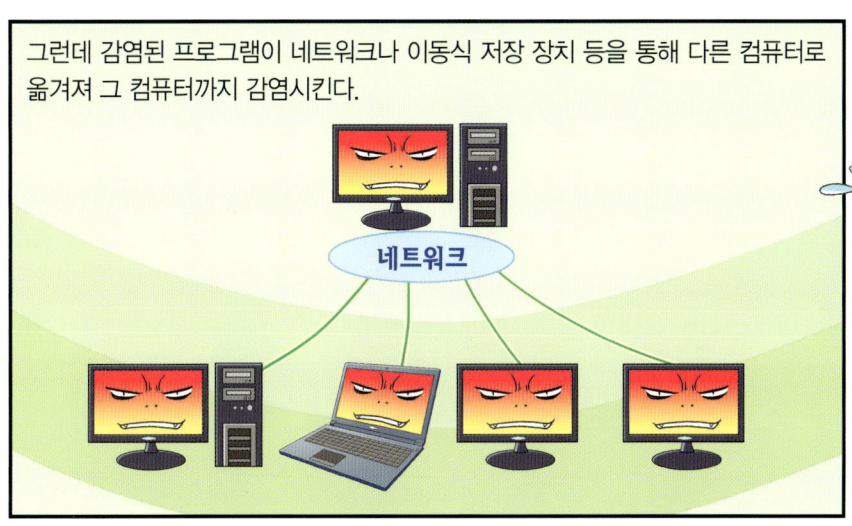

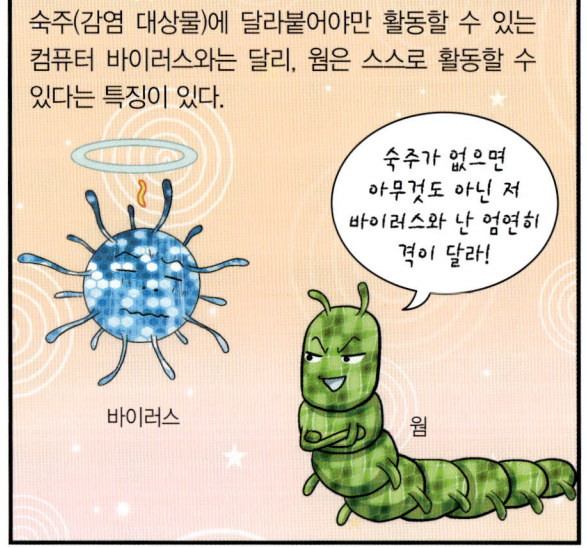

영화 〈트로이_Troy, 2004〉의 한 장면

구분	트로이 목마	바이러스	웜
복제 및 전염 능력	없음	있음	매우 강함
형태	유틸리티로 위장한 경우가 더러 있음	파일이나 부트섹터 등 감염 대상이 필요	독자적으로 존재
전파 경로	다운로드, 이메일 첨부 파일, 웹 취약점 등	사용자가 감염된 파일을 옮김	네트워크, 이동식 저장 장치 등
주요 증상	PC 성능이 떨어질 수 있음	해당 컴퓨터의 시스템 및 파일 손상	네트워크 성능이 떨어짐

컴퓨터 백신과 업데이트
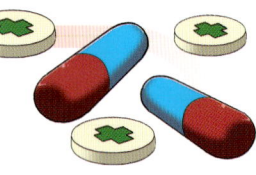

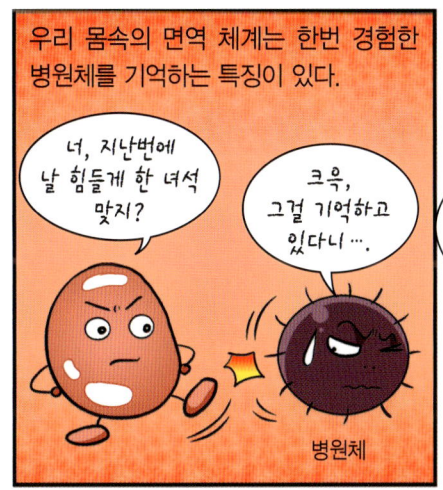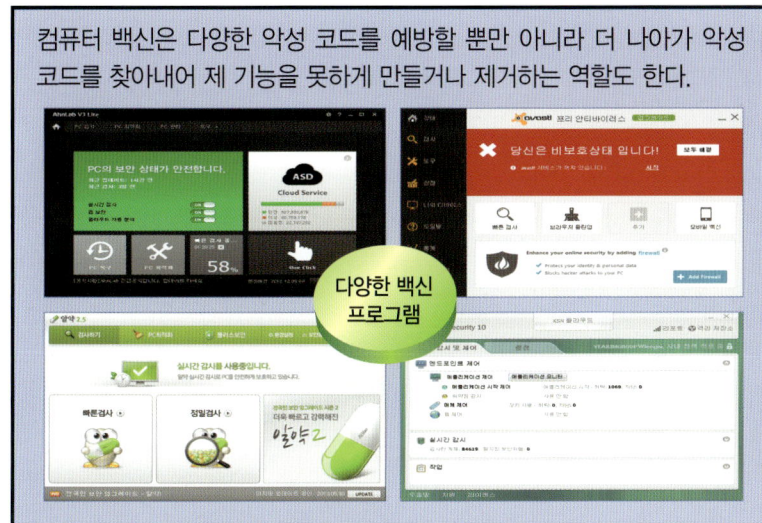

*컴퓨터 백신의 정식 명칭은 안티바이러스임

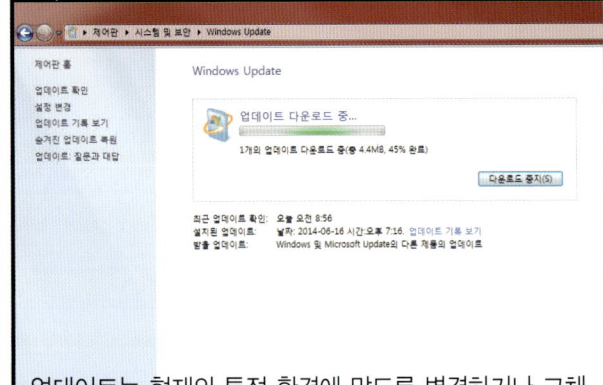

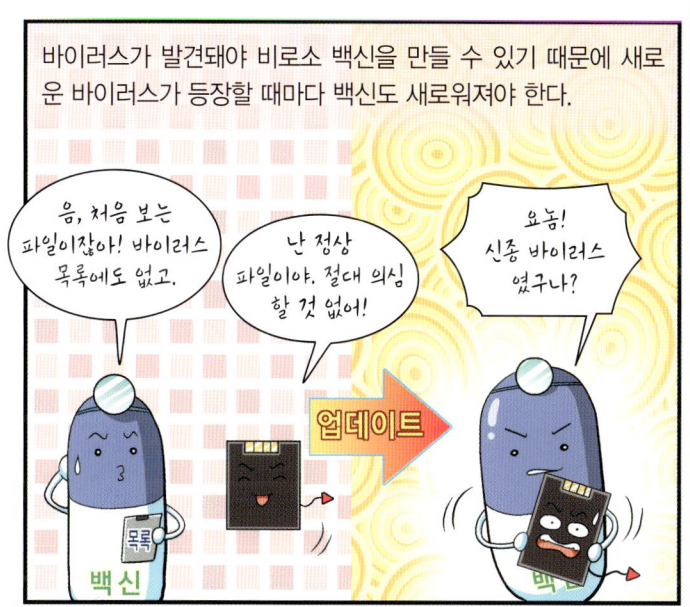

의문의 파일이 발견되다

휴리스틱 (Heuristic)

휴리스틱은 아직 알려지지 않은 악성 코드를 진단하기 위한 진단 방법 중 하나다. 미리 체계화된 검사 규칙과 기존 악성 코드들의 비슷한 점을 비교해서 분석하는데 완벽하게 악성 코드만을 찾아내는 건 아니다.

웹 브라우저(Web browser)
웹 페이지 사이를 자유롭게 오가며 그 속의 정보를 이용할 수 있게 해 주는 프로그램이다. 인터넷 익스플로러, 크롬, 파이어폭스, 사파리 등이 있다.

악성 코드의 감염 속도

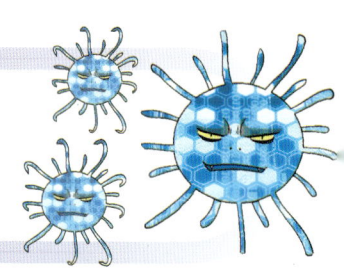

우아!

꼭 동화 속 세계에 온 것 같아!

저 상점들에서 물건도 파나?

여기가 무엇을 의미하는지 모르겠어?

알아요. 웹 브라우저를 켰을 때 처음 나타나는 화면이에요.

포털 사이트 (Portal site)

포털은 '현관, 관문'이란 뜻이다. 사람이 집 안으로 들어가려면 가장 먼저 현관을 거쳐야 하는 것처럼, 인터넷을 이용할 때는 포털 사이트를 거쳐야 한다. 포털 사이트는 이메일, 지식 검색, 뉴스 검색, 각종 SNS, 쇼핑, 멀티미디어, 티켓 예매 등 다양한 서비스를 제공한다. 대표적인 포털 사이트로는 네이버·다음·구글·네이트 등이 있다.

포털 사이트에서 관심 있는 분야를 클릭해 들어가면 쉽고 편리하게 서비스를 이용할 수 있다.

| SNS 서비스 | 이메일 서비스 | 동영상 서비스 | 뉴스 검색 서비스 | 게임 서비스 |

블로그(Blog)

블로그는 웹(Web)에서 따온 알파벳 'b'와 항해 일지, 여행 일기를 뜻하는 '로그(log)'의 합성어이다. 일반인들이 각자의 관심사에 따라 자유롭게 일기, 기사, 글, 이미지 등을 올려놓은 웹 사이트를 말한다.

악성 코드 분석가

악성 코드의 감염 경로나 방법, 증상 등을 분석해 치료 백신 프로그램을 만드는 보안 전문가를 말한다. 초기에는 대부분 백신 연구소에서 일했지만 지금은 정보 보안을 필요로 하는 연구소, 기업 등에서도 일을 한다.

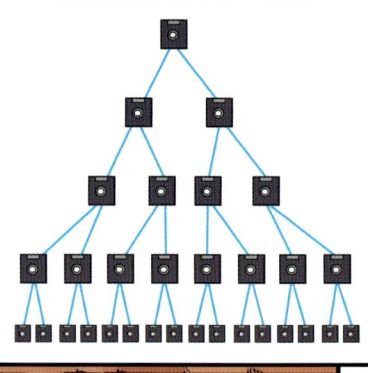

디스켓을 통한 바이러스 전파

악성 코드의 전파 매체

콤팩트디스크(Compact Disk = CD)
콤팩트디스크는 읽을 수만 있고 쓸 수는 없다. 따라서 일단 데이터가 저장된 다음에는 바이러스에 감염되지 않지만 데이터를 저장하는 과정에서 바이러스가 들어갈 수 있다.

이동식 메모리
휴대용 하드 디스크나 플래시 메모리 등의 저장 장치가 감염된 컴퓨터에 연결되면 쉽게 바이러스에 감염될 수 있다. 또한 감염된 저장 장치가 다시 정상 컴퓨터를 감염시킬 수 있다.

공개 자료실
1990년대 초반에 인기를 끈 피시 통신에는 누구나 자료를 내려받을 수 있는 공개 자료실이 있었다. 그런데 감염된 자료인 줄 모르고 내려받으면 모두 감염되었다.

IRC(Internet Relay Chat)
인터넷을 통해 전 세계의 어떤 사람과도 대화가 가능한 채팅 프로그램이다. 대화뿐 아니라 파일을 주고받는 것도 가능하기 때문에 감염된 파일들이 쉽게 오갈 수 있다.

P2P(Peer to Peer)
사용자들의 피시에 있는 자료를 서로 공유하는 방식이다. 상대의 컴퓨터가 켜진 상태에서 자료를 받고자 하는 사람이 상대의 컴퓨터에 접속해 직접 자료를 내려받는다. 이때 정상 파일로 속인 감염 파일이 전파될 수 있다.

웹하드(Webhard)
인터넷상의 저장 공간으로 웹하드 서비스를 제공하는 기업의 서버에 파일을 저장하는 것이다. 인터넷만 가능하면 언제 어디서든 접속할 수 있다. 이때 감염된 파일을 내려받으면 컴퓨터가 감염된다.

클라우드 서비스(Cloud service)
인터넷으로 연결된 서버에 소프트웨어와 콘텐츠를 저장해 두고 필요할 때마다 꺼내서 문서나 포토샵 등의 작업을 할 수 있는 서비스를 말한다. 이때 감염된 파일이 전염될 수 있다.

 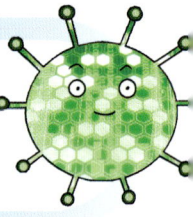

피해를 주지 않는 바이러스?

초기 바이러스와 그 증상들

엘크 클로너
애플 II 컴퓨터에서 디스켓을 통해 감염되는 바이러스로 50번째 부팅할 때마다 짧은 시를 보여 준다.

핑퐁 바이러스
화면에 공이 나타나 여기저기 부딪히며 돌아다닌다. 다른 프로그램을 실행시키는 데 아무런 피해도 주지 않는다.

산술 시험 바이러스
명령어를 실행하기 전에 간단한 연산 문제가 나온다. 그 문제를 풀어야만 원하는 명령어를 실행할 수 있다.

LSD 바이러스
화면에 갑자기 무지개 빛깔이 나타나며 일렁거리다가 몇 초 후 정상으로 돌아온다.

나사로 바이러스
갑자기 스피커에서 높은음이 나오다가 '나사로'란 이름이 나온 후 정상으로 돌아온다.

진화하는 바이러스

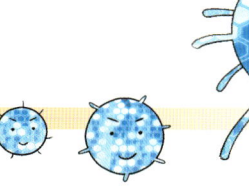

감염 대상에 따른 바이러스의 구분

부트 바이러스
컴퓨터를 켜면 하드 디스크의 가장 첫 부분인 부트 섹터가 먼저 실행되는데 이곳에 자리 잡아 컴퓨터의 부팅을 방해하는 바이러스를 말한다.

파일 바이러스
일반 프로그램 파일에 감염되는 바이러스다. 보통 바이러스에 감염됐다고 하면 이 파일 바이러스에 걸린 경우가 많다. 증상은 특정 파일이나 프로그램이 실행되지 않고, 실행 시간이 오래 걸리고 파일의 용량이 갑자기 늘어나는 등 다양한 형태로 나타난다.

부트 파일 바이러스
부트 섹터와 파일에 모두 감염되는 바이러스를 말한다.

*부트 섹터 : 레코드를 담고 있는 디스크 섹터. 대부분 0트랙, 0섹터임

발전 단계에 따른 바이러스의 구분

제 1세대, 원시형 바이러스
아마추어 프로그래머가 만든 컴퓨터 바이러스로 구조가 비교적 단순해서 분석하기 쉬웠다. 주로 부트 영역이나 파일을 감염시켰다.

제 2세대, 암호화 바이러스
보통 이상의 실력을 가진 프로그래머가 만든 바이러스로, 백신 프로그램이 알아채지 못하도록 프로그램의 일부나 전체를 암호화시켜 저장했다. 하지만 일정한 규칙을 써서 암호화했기 때문에 암호 해독이 어렵지 않았다.

제 3세대, 은폐형 바이러스
감염된 파일은 정상 파일보다 크기가 커서 백신 프로그램으로 진단이 가능하다. 그런데 이 바이러스는 파일 크기의 변화가 없는 것처럼 은폐해서 사용자나 백신 프로그램이 감염 사실을 눈치 채지 못하게 한다. 백신 프로그램이 진단하더라도 감염되기 이전의 상태를 보여 줘 감염 여부를 파악하지 못하게 한다.

제 4세대, 갑옷형 바이러스 (다형성 바이러스)
상당한 실력을 가진 프로그래머가 다양한 암호화와 은폐 기법을 사용해 만든 자체 변형 바이러스다. 변형 방법이 100만 가지가 넘는다. 암호화 규칙이 달라지기 때문에 백신 개발자들도 분석하는 데 시간이 오래 걸린다.

제 5세대, 매크로 바이러스
자주 반복되는 명령어들을 하나의 단축키로 만드는 방법을 매크로라 한다. 매크로는 주로 워드 프로그램이나 엑셀에서 이용한다. 이처럼 매크로 명령을 사용하는 프로그램의 데이터에 접근해 새로운 문서나 이미지 등의 파일을 감염시킨다.

잠복기의 바이러스

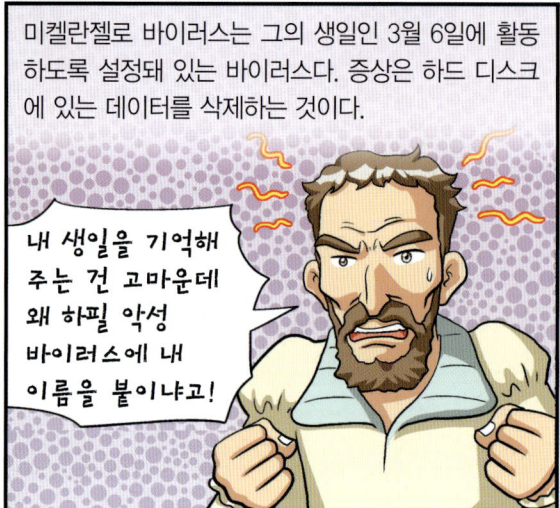

두로이와의 만남

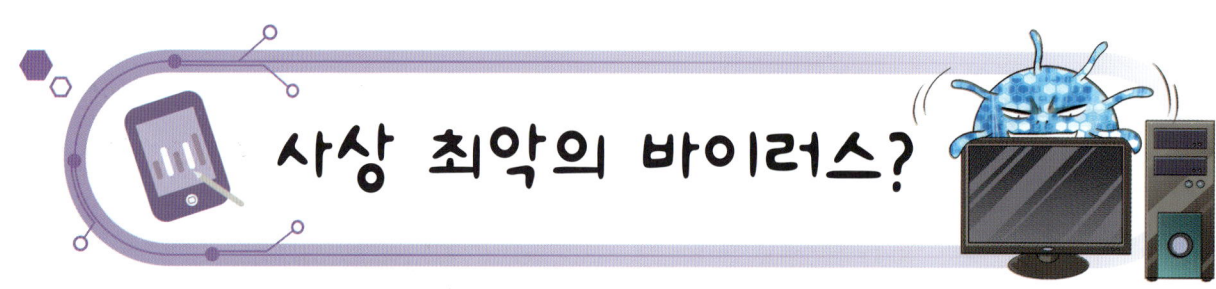

사상 최악의 바이러스?

큰 피해를 입힌 대표적인 바이러스

멜리사 바이러스(Melissa virus)
첨부된 파일을 클릭하는 순간 감염되는 워드 매크로 바이러스로 1999년 2월에 유럽에서 처음 발견됐다. 특징은 첨부 파일을 클릭하는 순간 감염되는데 이때 해당 컴퓨터 사용자에게 메일을 보낸 50명의 메일 주소로도 파일이 자동 전달됐다. 이로써 순식간에 전 세계 컴퓨터로 전파된 것이다.

님다 바이러스(Nimda virus)
감염된 웹 사이트나 이메일 주소를 탐색하여 무차별적으로 이메일을 전송해 감염시키는 바이러스로 2001년에 처음 나타났다. 이메일의 첨부 파일을 실행하지 않고 본문 내용을 보기만 해도 감염되는 특징이 있다.

슬래머 웜(Slammer worm)
2003년 1월 25일에 인터넷 대란을 만든 주범으로 단 10분 만에 전 세계로 전파돼 전염 속도가 가장 빠른 웜 바이러스로 기록되었다. 이 당시 우리나라도 큰 피해를 입었는데 이는 한국 통신의 서버에 과부하를 일으켜 서버가 마비되는 바람에 수많은 사용자가 인터넷을 할 수 없었던 것이다. 주로 보안 패치와 방화벽 등을 제대로 설치하지 않은 컴퓨터를 통해 순식간에 퍼졌다.

플레임 바이러스(Flame virus)

2012년 5월 30일, 이란은 2년 동안 잠복해 있던 것으로 추정되는 바이러스를 발견했다고 보도했다. 이 바이러스는 컴퓨터의 사용 기록이나 화면을 빼내는 것은 물론 사용자의 마이크를 몰래 작동시켜 대화 내용까지 녹음해 전송하는 기능이 있었다. 당시 43개의 백신 프로그램으로도 탐지되지 않을 정도여서 발견하고 분석하는 데에만 몇 달이 걸렸다고 한다. 나중에 밝혀진 바에 의하면 플레임 바이러스는 미국과 이스라엘이 이란의 핵개발 계획을 지연시킬 목적으로 만든 것이라고 한다.

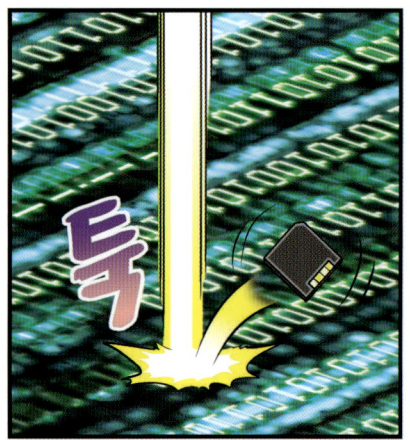

안 박사의 서버에 접속하다

정보 보호를 위한 장치

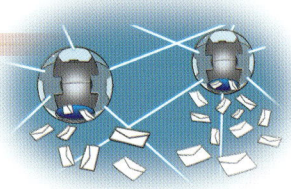

암호화는 어떤 정보를 다른 사람이 쉽게 파악할 수 없게 형식을 변환한 걸 의미한다. 하지만 그 안에는 일정한 규칙이 있다.

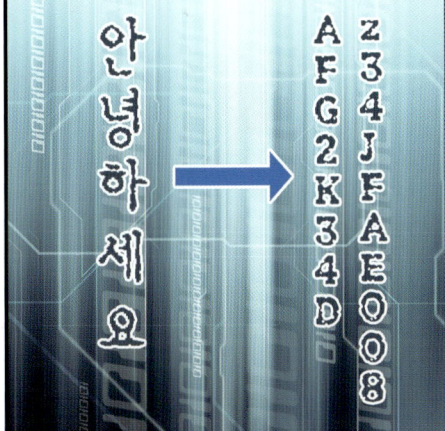

"또 정보가 조작되거나 복제되는 걸 방지하기 위한 다양한 장치도 있지."

정보 보호를 위한 장치

전자 서명(Electronic signature)
종이 문서에 본인 확인용으로 서명이나 인감을 사용하는 것처럼 컴퓨터상에서 본인 확인을 위해 음성, 심벌 등을 입력해 신원을 확인하는 정보를 가리키는 용어다. 인터넷 뱅킹이나 사이버 증권 거래 등 금융 분야에서 주로 활용된다.

디지털 워터마크(Digital watermark)
미술품, 저작물, 지폐 등에 빛을 비추면 특수한 형태의 표시가 드러나는데 이를 프린트 워터마크라고 한다. 마찬가지로 디지털 이미지나 오디오 및 비디오 파일에 저작권 정보를 식별할 수 있게 삽입한 표식을 디지털 워터마크라고 한다. 디지털 워터마크는 프린트 워터마크와는 달리 완전히 안 보이고 안 들리게 만들어진다.

DOI(Digital Object Identifier)
디지털 콘텐츠에 부여되는 고유의 식별 번호로 책이나 잡지에 부여하는 국제 표준 도서 번호(ISBN)와 같은 역할이다. 저작자 보호와 콘텐츠의 불법 복제를 막을 수 있다.

"앗, 암호화된 메시지?"

"아니, 이럴 수가!"

"박사님, 저 우신입니다. 제가 지금 사이버 공간에 갇혀 있습니다. ㅁㅁ동 퍼니아파트 7ㅁ4호로 경찰을 보내 주세요. 비밀번호는 5252. 한시가 급합니다. 부탁드립니다."

"정말 우신이라면 복호키로 해석이 되겠지?"

"뽁"

모바일 바이러스

모바일 바이러스(Mobile virus)

모바일 바이러스는 휴대폰의 기능이 컴퓨터화되기 시작한 2000년대에 나타났다. 그러다가 2004년에 '카비르'가 발견되면서 많은 사람에게 주목받기 시작했다. 이후 아이콘 모양을 해골 모양으로 바꾸는 '스컬스'와 주소록을 MMS로 보내는 '컴워리어' 등의 바이러스도 등장했다. 이처럼 초기에는 아이콘의 모양을 바꾸는 정도의 바이러스였으나 지금은 위치 정보 유출, 보안 기능 해제, 금융 정보 수집 등의 악질적인 의도를 가진 바이러스들이 유포되고 있다.

스컬스 화면

모바일 안전 수칙

- 의심스러운 애플리케이션은 내려받지 않는다.
- 신뢰성이 떨어지는 사이트는 접속하지 않는다.
- 보낸 사람이 명확하지 않거나 의심스러운 메시지는 열어 보지 말고 그대로 삭제한다.
- 비밀번호를 설정하고, 비밀번호는 자주 바꾼다.
- 부가적인 무선 기능, 예를 들면 블루투스, 적외선 통신 등은 사용할 때만 켜 놓는다.
- 백신 프로그램을 설치하고 자주 검사하며 업데이트를 한다. 운영 체제도 업데이트한다.
- 스마트폰의 프로그램이나 구조를 자기 마음대로 변경하지 않는다.

스미싱(Smishing)

단문 메시지를 의미하는 'SMS'와 개인 정보를 낚시한다는 의미의 '피싱'의 합성어로 스마트폰의 문자 메시지를 이용한 휴대폰 해킹을 뜻한다. 해커들은 이벤트 당첨이나 돌잔치 초대장, 신용 등급 변경 등의 메시지를 불특정 다수에게 보내서 사용자들을 가짜 사이트로 유도한다. 이때 사용자가 메시지를 클릭하면 악성 코드가 스마트폰에 설치된다. 그러면 해커가 개인 정보를 빼내 자기 마음대로 금융 결제를 할 수 있게 된다.

블루투스와 관련된 해커 기술

블루재킹(Blue-jacking)
휴대폰에 침입해 프로그램이나 데이터를 파괴하는 바이러스의 일종이다. 만약 이것에 감염된 휴대폰 근처에 블루투스가 장착된 다른 휴대폰이 있다면 똑같이 문자 메시지가 뜨면서 감염된다. 그나마 다행인 점은 메시지 사용료는 발생하지 않는다.

블루스나핑(Bluesnarfing)
휴대폰의 보안 취약점을 이용해 사용자가 알지 못하게 휴대폰 속의 정보를 변형, 복사하는 것을 의미한다. 보통 일정표나 전화번호, 이메일, 문자 메시지 등에 접근한다. 아무런 침투 흔적을 남기지 않는 특징이 있다.

블루버깅(Bluebugging)
해커가 휴대폰 주인 몰래 휴대폰을 원격 조종해 마치 제 것인 양 통화를 하거나 인터넷 접속도 할 수 있다. 게다가 흔적도 남기지 않는다. 따라서 휴대폰 주인은 큰 피해를 입을 수 있다.

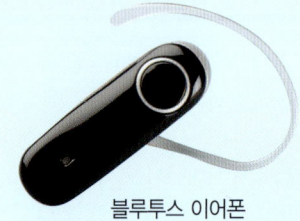
블루투스 이어폰

그러니까 결국 한 대의 모바일 기기에 바이러스가 심어져 있으면 순식간에 퍼지게 되는 거야.

더구나 사람들은 한곳에 머물지 않고 열심히 이동하면서 스마트폰을 사용하기 때문에 피해가 더욱 커지는 것이다.

진짜 큰일 이네요.
우선은 사이버 수사대에서 조치를 취했을 거야.

사람들에게 의심 나는 메시지는 열지 말고 블루투스 기능은 꺼 두라고…. 하지만 효과는 미지수야.
아, 답답하다!

삐 삐 삐 삐

예고된 재앙을 막아라

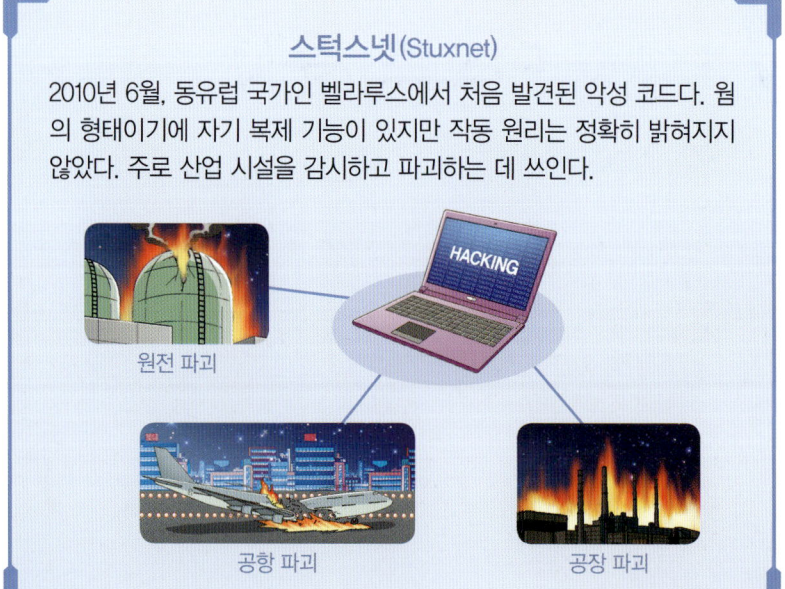

디도스 공격

혹스(Hoax)

혹스는 '장난으로 남을 속이다.'는 뜻으로 1988년 10월에 처음 발생한 가짜 컴퓨터 바이러스다. 유언비어, 괴담 등을 마치 사실인 것처럼 작성해서 이메일, 문자 메시지 등으로 퍼뜨린다. 따라서 컴퓨터나 모바일 기기 자체를 망가뜨리지는 않지만 사람들이 그 내용을 진짜로 믿으면서 사회적 혼란이 생기게 만든다.

트래픽 과부하

전신, 전화 등의 통신 시설에서 일정 시간 내에 흐르는 데이터의 양을 '트래픽'이라고 한다. 예를 들어 어떤 서버에 10MB의 동영상이 올려져 있는데 이를 10명이 동시에 본다면 100MB의 트래픽이 발생하게 된다. 이와 마찬가지로 순간적으로 많은 트래픽이 일어나면 그 서버는 멈추게 되고 외부 사용자들은 접속이 차단되며 심지어는 서버 다운 현상이 일어나게 된다.

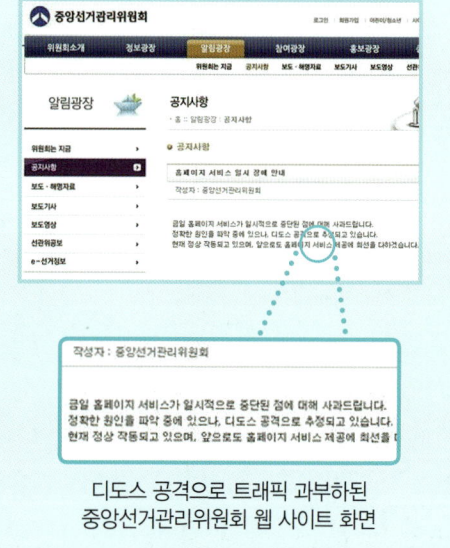

디도스 공격으로 트래픽 과부하된 중앙선거관리위원회 웹 사이트 화면

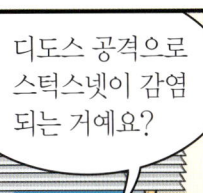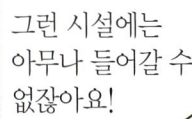

*트친 : 트위터 친구의 줄임말
*팔로워 : 트위터에서 내 게시물을 다른 사람이 즐겨 읽는다는 것으로, 한마디로 내 게시물의 추종자라는 뜻임

SNS의 위력

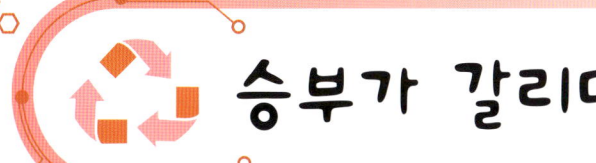

승부가 갈리다

정보 보호를 위해 해야 할 것

정보 보호를 위한 실천 사항

- 해킹 기술 및 악성 코드는 나날이 새롭게 바뀌기 때문에 보안 소프트웨어를 수시로 업데이트한다.
- 현 상태에서 바이러스가 없다 하더라도 언제든 침투할 수 있기 때문에 늘 보안 소프트웨어의 실시간 감시 기능을 켜 둔다.
- 첨부 파일은 악성 코드를 검사한 후에 연다.
- SNS나 메신저에 있는 웹 사이트 주소를 함부로 클릭하지 않는다.
- 중요 업무를 하는 컴퓨터에서는 P2P 프로그램을 쓰지 않는다.
  (P2P 프로그램은 포트를 장시간 열어 두기 때문에 보안이 취약함)
- '프로그램을 설치하라'는 창이 뜰 때는 믿을 수 있는 기관인지 확인한 후에 설치한다.
- 중요한 데이터가 삭제되더라도 피해를 최소화할 수 있게 데이터를 백업해 둔다.
- 정품 소프트웨어를 사용한다. (정품 소프트웨어는 철저한 검사 과정을 통해 배포되기 때문에 악성 코드가 없지만, 불법 복제물의 경우에는 불법 광고나 다양한 악성 코드가 첨부돼 배포될 수 있음. 정품 소프트웨어를 사용하면 제작자로부터 꾸준히 업데이트를 받을 수 있고 제작자는 수익을 올리게 돼 소프트웨어 개발에 힘을 쓸 수 있음)

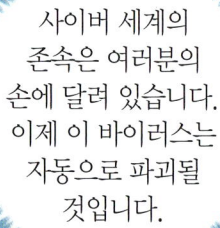

핵심 용어 다시 보기
Why? 컴퓨터 바이러스

사이버 공간
컴퓨터 속의 세계로, 가상 공간이라고도 해요. 수많은 컴퓨터가 네트워크로 연결되어 있어서 국경·인종·언어를 초월하여 사람들이 모이는 곳이지요. 이곳에서는 온갖 정보를 주고받을 수 있어요.

SNS
소셜 네트워크 서비스의 줄임 말이에요. 인터넷 통신망을 통해 여러 사용자와 자유롭게 의사소통하고 정보를 공유하며, 인맥을 확대하는 등 사회적 관계를 맺을 수 있는 서비스지요. SNS의 종류로는 불특정 다수와 네트워크를 형성하는 트위터, 페이스북 등의 개방형 SNS와 아는 사람들 위주로 네트워크를 형성하는 미니홈피, 밴드, 카카오톡이나 카카오스토리 등의 폐쇄형 SNS가 있어요.

카카오톡   트위터   페이스북

하드웨어
하드는 '굳은, 견고한, 딱딱한'이라는 뜻으로, 모니터나 본체, 외장 등 형태가 있는 컴퓨터의 기계 장치를 말해요.

본체   모니터   외장

해킹
다른 사람의 컴퓨터 시스템에 무단으로 침투하여 데이터와 프로그램을 없애거나 망치는 행동을 말해요. 단순한 호기심이나 자기 과시를 위해 해킹을 하기도 하지만 게임에서 이기기 위해, 각종 프로그램이나 콘텐츠를 무료로 사용하기 위해, 또는 악의적인 목적으로 상대를 공격하기 위해 하기도 해요. 하지만 동기에 상관없이 해킹은 엄연한 범죄 행위랍니다.

소프트웨어
컴퓨터를 움직이고 일을 처리하는 프로그램과 그 프로그램을 수행하는 데 필요한 절차나 문서들을 통틀어 이르는 말이에요. 컴퓨티를 구성하는 요소 중에서 형체를 갖고 있는 하드웨어를 제외한, 보이지 않는 부분을 모두 소프트웨어라고 해요.

악성 코드
컴퓨터 사용자가 컴퓨터를 원만하게 사용하는 일을 방해하거나 컴퓨터 사용자에게 피해를 주기 위해 만들어 낸 모든 종류의 프로그램을 말해요. 대표적인 악성 코드로는 바이러스·웜·트로이 목마 등이 있어요.

방화벽

컴퓨터 통신망에서 외부로부터 컴퓨터가 침범당하는 것을 막기 위한 장치예요. 기업이나 조직 내부의 네트워크와 인터넷 간에 전송되는 정보를 선별하여 받아들이거나 거부하는 능력을 가진 보안 시스템을 말하지요. 포트를 모두 차단한 뒤 접근이 허락된 포트만을 열어 두는 방식으로 불법 침입을 차단해요.

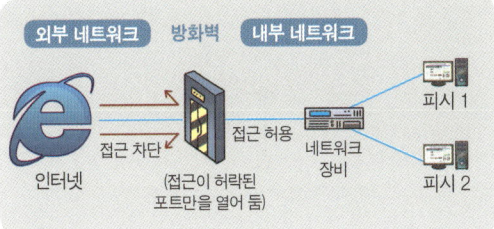

바이러스

컴퓨터의 정상적인 동작에 나쁜 영향을 미치거나 저장된 데이터나 프로그램을 파괴하는 프로그램을 말해요. 바이러스는 컴퓨터 프로그램을 변형시키고 그곳에 자신을 복사해 넣어요. 게다가 컴퓨터 통신이나 불법 복제를 통하여 다른 컴퓨터로 퍼져 나가기도 해요. 바이러스의 정식 명칭은 '컴퓨터 바이러스 프로그램'이에요.

웜

악성 코드의 한 종류로, 바이러스와 달리 실행 코드 자체로 독립된 프로그램이에요. 스스로 활동할 수 있고, 번식력이 있어서 웜 스스로 다른 사람에게 보내는 이메일에 자신을 첨부하거나, 주소록을 뒤져 주소록에 있는 모든 사람들에게 무작위로 웜이 첨부된 이메일을 전송하기도 해요. 웜은 인터넷의 속도나 시스템에 무리를 주어 네트워크의 성능을 떨어지게 만들어요.

트로이 목마

겉으로 보기에는 해를 끼치지 않을 것처럼 보이고 자기 복제 능력도 없는 프로그램이에요. 하지만 운영 체계에 침투하여 계속적인 불법 침투가 가능하도록 방어 체계를 무너뜨려요. 또한 컴퓨터 시스템을 파괴하거나 컴퓨터 안의 정보를 몰래 훔쳐 내는 데 쓰여요.

백업

데이터 백업이라고도 해요. 데이터나 정보 파일이 손상되는 것에 대비하여 사용하던 프로그램들을 외부 저장 장치에 똑같이 복사해 복구할 준비를 해 두는 것입니다.

백신

컴퓨터 바이러스 프로그램을 찾아 기능을 정지시키거나 제거하는 프로그램을 말해요. 사전에 바이러스를 예방할 수 있는 면역력을 가지고 있는 것이 아니라, 일종의 치료제 역할을 하는 프로그램이에요. 따라서 자주 업데이트를 하여 새로운 바이러스를 치료하는 기능을 계속 추가해 주어야 해요.

웹 브라우저

웹 서버에서 자유롭게 오가며 문서나 파일 등 정보를 이용할 수 있게 해 주는 프로그램이에요. 개인용 컴퓨터에서 주로 쓰는 웹 브라우저에는 인터넷 익스플로러, 파이어폭스, 오페라, 사파리, 구글 크롬 등이 있어요.

〈2013년 12월 조사 자료〉

블로그

웹에 자신의 느낌이나 생각, 주장 같은 것을 일기처럼 올려서 다른 사람도 보고 읽을 수 있게끔 열어 놓은 글들의 모음이에요. 이렇게 블로그를 만들어 관리하는 사람을 블로거라고 해요. 블로그는 개인적인 성격을 가지고 있지만, 때때로 인터넷을 통해 대형 미디어에 못지않은 힘을 발휘할 수 있기 때문에 '1인 미디어'라고도 불러요.

크리퍼 바이러스

인터넷의 초기 형태인 알파넷에서 처음 발견된 최초의 바이러스예요. 1971년에 밥 토머스가 만들었지요. 크리퍼는 알파넷을 통해 여러 컴퓨터로 들어가 화면에 "나는 크리퍼다, 잡을 수 있다면 날 잡아 봐라!"라는 메시지가 뜨게 만들었어요. 후에 리퍼라는 프로그램이 개발되어 크리퍼 바이러스를 치료했답니다.

브레인 바이러스

최초의 악성 바이러스로, 파키스탄의 배시트 알비와 앰자드 알비 형제가 만들었어요. 두 사람은 프로그램 개발자로, 자신들이 만든 프로그램이 불법복제되는 것을 막기 위해 이것을 만들었지요. 이 바이러스는 컴퓨터의 부트 섹터를 감염시켜 컴퓨터의 부팅을 방해해요.

버그

소프트웨어가 동작을 하지 않거나, 잘못된 결과를 내거나, 오류가 발생하는 등의 소프트웨어의 문제를 뜻해요. 버그는 프로그램의 설계 과정에서 생긴 실수와 오류 때문에 일어나요. 컴퓨터 속에 들어온 나방 때문에 컴퓨터가 고장 난 사건 때문에 버그라는 이름이 붙었어요.

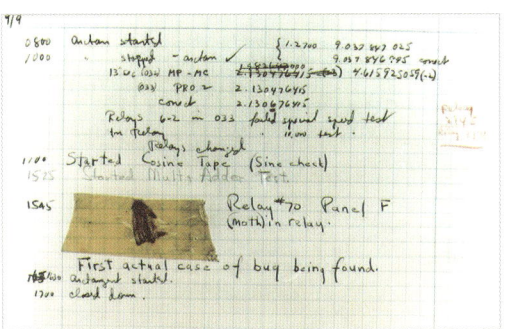

최초의 버그를 일으킨 나방

스턱스넷

2010년 6월에 발견된 웜 바이러스로, 산업 시설을 감시하고 파괴하는 최초의 악성 소프트웨어예요. 이 웜은 특정 조건을 갖춘 지멘스 S7-300 시스템에서만 작동해요. 이란에 있는 5개 시설에서 발견되었으며, 이 스턱스넷의 공격 목표는 이란의 우라늄 농축 시설인 것으로 추정돼요.

지멘스 S7-300

부팅

사용자가 컴퓨터를 켜고 운영 체제를 시작하는 것을 말해요. 단순히 전원 스위치를 켜는 것이 아니라, 컴퓨터를 사용할 수 있는 환경을 만들어 주는 과정이랍니다.

디도스 공격

분산 서비스 거부 공격이라고도 해요. 특정 서버에 수많은 접속 시도를 만들어 다른 이용자가 정상적으로 서비스를 이용하지 못하게 하는 공격이지요. 보통 유명한 사이트나 은행, 신용카드 결제 서비스, 쇼핑몰, 관공서 등을 목표로 삼아요.

블루투스

1994년 에릭슨이 개발한 개인 근거리 무선 통신이에요. 블루투스라는 이름은 덴마크의 국왕 헤럴드 블라트란트의 애칭에서 따왔어요. 블라트란트 왕이 스칸디나비아를 통일한 것처럼 무선 통신도 블루투스로 통일하자는 의미죠. 유선 USB를 대체하는 개념으로, 반경 10미터 안에 있는 접속 가능한 기기와 한꺼번에 정보를 주고받을 수 있어요.

사이버 테러

상대방의 컴퓨터나 정보 기술을 해킹하거나 악성 프로그램을 의도적으로 깔아 놓는 등 컴퓨터 시스템과 정보통신망을 무력화하는 새로운 형태의 테러리즘이에요. 우리나라에서는 국가 정보원과 한국 인터넷 진흥원을 중심으로 사이버 테러에 대응하고 있어요.

PHOTO CREDIT

14p 카카오톡 로고 ⓒkakao, 트위터 로고 ⓒTwitter, 페이스북 로고 ⓒFacebook / **60p** 영화 트로이 ⓒDreamWorks SKG, Paramount Pictures / **75p** 네이버 로고 ⓒNAVER Corp., 다음 로고 ⓒDaum, 구글 로고 ⓒGoogle, 네이트 로고 ⓒSK Communications / **127p** 스컬스 화면 ⓒthmz.com

그 외 유로크레온, 멀티비츠, 예림당

Copyrightⓒ2019 YEARIMDANG PUBLISHING CO.,LTD. All right reserved.